AF596444

COMPTES
DES DÉPENSES

FAITES

PAR CHARLES V

DANS LE CHATEAU DU LOUVRE

DES ANNÉES 1364 A 1368

PUBLIÉS PAR

M. LE ROUX DE LINCY

(Extrait de la *Revue archéologique*, VIIIe année.)

PARIS

A. LELEUX, LIBRAIRE

ÉDITEUR DE LA REVUE ARCHÉOLOGIQUE

RUE DES POITEVINS, 11

1852

COMPTES

DES DÉPENSES FAITES PAR CHARLES V DANS LE CHATEAU DU LOUVRE,

DES ANNÉES 1364 A 1368.

Le palais du Louvre est le monument le plus remarquable et le plus célèbre de Paris. Depuis François Ier, qui a commencé ce monument tel qu'on le voit aujourd'hui, tous les gouvernements qui se sont succédé en France ont pris à tâche de le perfectionner. On peut dire que, soit par la magnificence des bâtiments, soit par les richesses de tout genre qui y sont renfermées, cet édifice est unique dans le monde.

Mais avant le Louvre de la Renaissance et des temps modernes, il y a eu le Louvre du moyen âge. Fondé, dit-on, par Philippe Auguste, augmenté par saint Louis, le Louvre, château gothique, avait été presque complétement refait par Charles V. Bien que les derniers vestiges de cette habitation féodale aient disparu depuis la fin du XVIIe siècle, il n'est pas moins curieux de recueillir avec soin tous les documents qui peuvent nous faire connaître la forme, l'étendue, l'ornementation des bâtiments qui la composaient.

Dans un manuscrit de la Bibliothèque de l'Arsenal, contenant des extraits des registres de l'ancienne chambre des comptes (1), nous avons trouvé une copie assez exacte faite à la fin du XVIIe siècle, des comptes de Pierre Culdoè, clerc et payeur des bâtiments construits par Charles V. Nous publions ici tous ceux

(1) Nous disons à dessein de l'ancienne *chambre des comptes*, car un incendie, qui éclata la nuit du 27 octobre 1737, détruisit la majeure partie des documents originaux déposés dans les archives de cette cour. Les comptes de la chambre aux deniers de nos rois sont au nombre des documents détruits. — Le manuscrit de la Bibliothèque de l'Arsenal est un volume in-4°, sur papier, relié en parchemin. L'écriture est de la seconde moitié du XVIIe siècle ; nous avons reconnu la main de M. Menant, auditeur et doyen de la chambre des comptes, mort en 1699. Ce ma-

qui sont relatifs au château du Louvre. Henry Sauval, auteur du livre si connu des *Antiquités de Paris*, avait eu sous les yeux les originaux de ces comptes; il en a extrait de curieux détails sur le Louvre de Charles V, détails répétés depuis dans toutes les histoires de Paris.

Les comptes rendus par Pierre Culdoë pour les bâtiments du Louvre sont au nombre de huit. Ils commencent avec le mois d'avril de l'an 1364, époque de l'avénement au trône du roi Charles V, et se terminent à l'an 1369, à la mort de Pierre Culdoë. Ils contiennent cent trente articles que nous avons numérotés afin d'y renvoyer plus facilement. Ces articles se divisent ainsi :

Dix sont relatifs aux jardins du Louvre : ce sont les numéros 1, 2, 3, 4, 107, 125, 126, 127, 129, 130.

Cinquante-trois à la maçonnerie : On peut voir les numéros 5, 6, 7, 13, 14, 18 à 57, 59, 60, 61, 62, 119, 120, 121, 122, 123.

Les numéros 8, 9, 10, 58, 118, 124, ont trait à la charpente;

Les numéros 11, 109, 112, à la serrurerie;

Les numéros 15, 16, à la vitrerie.

Enfin quarante-sept articles se rapportent à l'ameublement :

Ce sont les numéros 63 à 99, 101 à 106, 108, 110, 111, 115, 116, 117.

Dix-neuf à différents objets.

Je vais reprendre séparément chacune de ces divisions, en m'appliquant à signaler les points importants qui s'y rencontrent.

MAÇONNERIE.

Dans cette division, qui est l'une des plus curieuses, nous comprenons les fournitures et mains-d'œuvre de pierres de toute sorte employées à l'agrandissement du Louvre. Sauval observe que Charles V ayant trouvé ce palais trop bas, *le rehaussa en quelques endroits de cinq toises, en d'autres de six, et le couronna de terrasses* (1). La quantité des pierres employées dans ces agrandisse-

gistrat, curieux de nos antiquités nationales, avait copié dans les registres de la chambre une foule de pièces très curieuses, la plupart détruites aujourd'hui; il en avait formé un Recueil de quinze volumes in-8, qui de la bibliothèque de M. Leber a passé dans la bibliothèque de la ville de Rouen (Voy. Catalogue des livres imprimés, manuscrits, estampes, etc., composant la bibliothèque de M. C. Leber. Paris, 1839, in-8°, 3 vol. — T. III, p. 175.

(1) *Antiquités de la ville de Paris*, t. II, p. 11.

ments est des plus considérables. Nous n'avons que des extraits du compte où il en est question ; c'est le troisième : les achats s'élevèrent à la somme de mille cinq livres, et un seul entrepreneur livra jusqu'à cent bateaux de pierres de Vitry. Les carrières, encore très-exploitées de nos jours, des environs de Paris, Bicêtre, Gentilly, Charenton, Vitry, Vaugirard, avaient aussi fourni leur contingent. (Voy. art. 18.) Le grand escalier neuf qui conduisait aux quatre étages du palais, avait été l'objet de soins tout particuliers ; les fondations en avaient été assises sur huit quartiers de pierres prises à Notre-Dame des Champs. (Voy. art. 19.) A chaque étage était placé un banc de six pieds et demi de long sur deux de large, afin que le roi pût s'y reposer.

Un fait curieux est relaté à l'article 25, c'est l'achat de dix tombes, payées chacune quatorze sous parisis à la fabrique de l'église des Saints-Innocents, et employées à faire des marches à ce grand escalier.

Sauval avait déjà signalé cette circonstance en parlant du même escalier dont il a donné une description curieuse qui ne sera pas déplacée ici :

« La grande vis de ce palais étoit toute de pierre de taille, ainsi « que le reste du bâtiment ; et de même que les autres de ce temps-là, « elle étoit terminée d'une autre fort petite, toute de pierre encore et « de pareille figure, qui conduisoit à une terrasse dont on l'avoit « couronnée ; chaque marche de la petite portoit trois pieds de long. « et un et demi de large ; et pour celles de la grande, elles avoient « sept pieds de longueur sur un demi d'épaisseur, avec deux et demi « de giron près de la coquille qui l'environnoit.

« On voit dans les regîtres de la chambre des comptes qu'elles « portoient ensemble dix toises un demi pied de hauteur, que la « grande consistoit en quatre-vingt-trois marches, et la petite en « quarante-une : elles furent faites à l'ordinaire de la pierre qu'on « tira des carrières d'autour de Paris. Et comme si pour les faire, « ces carrières eussent été épuisées, pour l'achever on fut obligé « d'avoir recours au cimetière Saint-Innocent et troubler le repos « des morts....

« Nous l'avons vu ruiner en 16 . . . quand Louis XIII fit reprendre « l'édifice du Louvre, sous la conduite d'Antoine Le Mercier. Pour « le rendre plus visible et plus aisé à trouver, maître Raimond le « jetta entièrement hors d'œuvre en dedans la cour, contre le corps « du logis qui regardoit sur le jardin ; et pour le rendre plus su-

« perbe, l'enrichit par dehors de basses tailles, et de dix grandes « figures de pierre, chacune couverte d'un dais, posées dans une « niche, et portées sur un pied d'estal : au premier étage, de côté et « d'autre de la porte, étoient deux statues de deux sergens d'armes que « fit Jean de Saint-Romain ; et autour de la cage furent répandues par « dehors, sans ordre ni symmetrie, de haut en bas de la coquille, « les figures du Roi, de la Reine, et de leurs Enfans mâles ; Jean « du Liége travailla à celle du Roi et de la Reine ; Jean de Launay « et Jean de Saint-Romain partagèrent entre eux les statues du duc « d'Orléans et du duc d'Anjou ; Jacques de Chartres et Gui de « Dampmartin, celles des ducs de Berry et de Bourgogne : et ces « sculpteurs pour chaque figure eurent vingt francs d'or, ou seize « livres parisis. Enfin cette vis étoit terminée des figures de la Vierge « et de Saint-Jean, de la façon de Jean de Saint-Romain et le fronton « de la dernière croisée étoit lambrequiné des armes de France, de « fleurs de lis sans nombre, qui avoient pour support deux anges, et « pour cimier un heaume couronné, soutenu aussi par deux anges « et couvert d'un timbre chargé de fleurs de lis par dedans. Un ser- « gent d'armes haut de trois pieds, et sculpté par Saint-Romain « gardoit chaque porte des appartemens du Roi et de la Reine qui « tenoient à cet escalier : la voute qui le terminoit étoit garnie de « douze branches d'orgues et ornée dans le chef des armes de leurs « Majestés, et dans les paneaux de celles de leurs enfans, et fut tra- « vaillée tant par le même Saint-Romain que par Dampmartin à « raison de trente-deux livres parisis ou quarante francs d'or (1). »

Nous avons dû citer entièrement la description précédente, parce qu'elle fera mieux comprendre les comptes de Culdoè sur le même objet. Cet escalier était orné de sculptures et décoré d'un assez grand nombre de statues, de celles entre autres qui représentaient le roi, la reine et les princes de sa famille. Sauval donne le nom de plusieurs sculpteurs dont les comptes de Culdoè ne parlent pas et qui probablement travaillèrent au Louvre à une époque plus récente. A l'article 46 de nos comptes, nous trouvons un détail de sculptures exécutées par Jean de Saint-Romain que Sauval a négligé d'indiquer : ce sont le bœuf et l'aigle des évangélistes saint Luc et saint Jean.

L'article 42 fait mention de six milliers de pierres enlevées *sainement*, par ordre de Raimond du Temple, d'un hôtel situé à Saint-Germain des Prés, qui avait appartenu à Mme de Valence. Nous

(1) T. II, p. 23

sommes surpris que Sauval n'ait pas relevé cette circonstance assez curieuse pour être remarquée. Il dit seulement, à propos de la rue Sainte-Marguerite au faubourg Saint-Germain, que cette rue, en 1366, se nommait la rue *Madame-la-Valence* (1). Jaillot, dans ses recherches sur Paris (2), se contente de citer Sauval ; puis il ajoute, mais sans donner de preuves, que, dès l'année 1312, la rue Sainte-Marguerite portait le nom de Madame-la-Valence, qu'elle le conserva jusqu'en 1368, où elle fut détruite pour creuser les fossés de l'Abbaye, et rétablie un peu plus loin dans la même direction, sous le nom de rue Sainte-Marguerite. Le nombre des pierres prises de l'hôtel de Valence et employées à la construction du Louvre indique assez que cet hôtel avait beaucoup d'importance. Dans un compte de l'an 1364, relatif à l'hôtel Saint-Paul, il est dit que tout le *merrien* (ou bois de charpente) de l'hôtel Madame de Valence, avait été mis en chantier pour servir aux *œuvres* que le roi faisait faire à son hôtel de *Saint-Pol*.

D'autres articles du chapitre de la maçonnerie pourraient donner lieu à des observations importantes. Je me contenterai de signaler le n° 48, relatif aux cheminées, le n° 52, relatif aux fenêtres qui étaient au nombre de soixante-douze, et le n° 51, où se trouve indiquée l'étendue des différentes salles du Louvre, et principalement de la salle Saint-Louis. Les n°s 23, 30 et 43 des comptes de Culdoè justifient pleinement l'assertion de Sauval qui dit que cette salle tombant en ruine, Charles V la détruisit pour établir à la même place deux autres salles qui prirent le nom de salles du Roi et de la Reine.

Les articles 39, 40, 41, contiennent l'indication de la quantité de plâtre employé chaque mois dans les travaux de maçonnerie, pendant les années 1365 et 1366. L'article 59 fait connaître le prix qui était payé chaque jour aux pionniers, tailleurs de pierres, etc. Nous signalerons aussi l'article 113, qui rappelle une aumône de six francs d'or faite par ordre du roi à une femme impotente, veuve de Jean Colombel, maçon, qui s'était tué en travaillant au Louvre.

Dans les articles 18, 39, 42, 53, 59, il est fait mention de l'architecte à qui Charles V avait confié la reconstruction du Louvre, Remond du Temple, qui exerçait en outre les fonctions de sergent

(1) *Antiquités de Paris*, t. Ier, p. 149.

(2) *Recherches critiques, historiques et topographiques sur la ville de Paris*, etc. Paris, 1775, in-8°, t. V, quartier Saint-Germain-des-Prés, p. 56.

d'armes du roi. Dans ces articles il est toujours désigné par ces mots : *maistre Remond*. Bien que, d'après les articles précités, il soit chargé de la direction des travaux, ce n'est que plus tard, sous le règne de Charles VI, que Remond du Temple fut investi du titre de maître des œuvres du roi (1).

CHARPENTE. — VITRERIE. — SERRURERIE.

L'article 8, relatif à la charpente, et l'article 16, relatif à la vitrerie, font mention de la chapelle du Louvre, mais sans donner beaucoup de détails. Il s'agit seulement d'un petit clocher à *pendre la clochette* à sonner la messe, et de réparations aux verrières. Sauval a signalé ce fait (2), mais il ajoute sur cette chapelle des renseignements précieux qui se rapportent à l'année 1365, et qui se trouvaient probablement dans le troisième compte de Culdoë, dont un extrait abrégé nous est seulement parvenu. « Raimond du Tem« ple couronna la porte de cette chapelle d'un grand fronton gothique « de pierre de taille, et Jean de Saint-Romain eut six francs d'or.... « pour le remplir ou lambrequiner d'une image de Notre-Dame, de « deux anges tenant deux encensoirs, et de cinq autres jouant des « instrumens et portant les armes de Charles V et de Jeanne de « Bourbon. Elle avoit quatre toises et demi de large sur huit et « demi de long. Son autel étoit de marbre.... Ses murailles furent « ornées en 1365 de treize figures de pierre qui représentoient cha« cune un prophète ayant un rouleau en main, qui furent exécutées « par les meilleurs sculpteurs du siècle ; et dans ce temps fut dressé « un oratoire ou prie-Dieu pour le roi, quand il se trouvoit au ser« vice. Quoiqu'elle fût voutée au reste et qu'elle ne portat que deux « toises cinq pieds de haut, sur vingt toises quatre pieds de circon« férence, on ne laissa pas d'y bâtir une cheminée. Enfin Jean Ber« nard, charpentier, y fit, en 1366, un petit clocher de menuiserie « terminé d'une tourelle et garni d'une petite cloche. »

L'article 17 du compte de Culdoë, daté du 8 juillet 1364, complète ces détails et nous apprend qu'une nappe couvrait l'autel de marbre, et qu'un étui en soie, semé de fleurs de lis, renfermait les *Corporaux*.

L'article 109 nous fait connaître comment était fermée la chambre

(1) Voy. sur Rémond du Temple, un article curieux de M. J. Quicherat, dans la Bibliothèque de l'École des Chartes, t. III, 2e série, p. 55.
(2) *Antiquités*, t. II, p. 22.

du trésor particulier de Charles V. Cette chambre était située sous la voûte de la grosse tour. Elle était fermée par quatre grandes portes garnies de bois de cyprès et de trois paumelles [ou pentures (1)] à gonds et à queue d'aronde et de deux verrous à rosettes. Sauval a consacré plusieurs pages à la description du trésor des Rois et des Reines de France (2), mais il ne dit rien de particulier sur celui de Charles V.

AMEUBLEMENT.

Les articles assez nombreux qui composent ce chapitre renferment presque tous des détails curieux. Sauval en avait eu connaissance; c'est de là et d'autres registres perdus qu'il tira la substance de son chapitre intitulé : *Le dedans des maisons royales* (3). Voici quelques détails cités par lui que nous ne retrouvons pas dans les comptes de Culdoè :

« Les poutres et les solives des chambres du Roi et de la Reine « étoient rehaussées de fleurs de lis d'étain doré, et les entrevoutes « de couleur en détrempe; pour les murailles elles étoient peintes « en manière de briques, les croisées treillissées de fil d'archal et de « barreaux de fer; d'ailleurs obscurcies de vitres pleines d'images « de saints et de saintes, ou bien des devises et des armes du Roi « et de la Reine, dont le panneau revenoit à vingt-deux sols....

« En 1365 les lambris de la chambre de parade du Roi où il tenoit « ses requêtes, étoient peints de rouge et de rosettes d'estain blanc.... « La cheminée de sa chambre étoit chargée de douze grosses bêtes, « et de treize grands prophètes qui tenoient chacun un rouleau; de « plus terminée des armes de France soutenues par deux anges et « couverte d'une couronne.

« La chambre aux oiseaux avoit neuf toises de long sur quatre et « demie de large. »

Sauval dit encore : « Tous les regîtres de la chambre des comptes, « touchant les réparations des œuvres royaux depuis le roi Jean « jusqu'à Charles IX, font voir que les portes des principaux ap- « partemens étoient ornées de pratiques de menuiserie; que les ap- « partemens, tant du Roi et de la Reine que des enfans de France,

(1) *Pentures*, bandes de fer destinées à soutenir les portes sur les gonds.
(2) *Antiquités de Paris*, t. II, p. 314 et suiv.
(3) *Antiquités de Paris*, t. II, p. 279.

« étoient carrelés, planchés, nattés et lambrissés de bois de chêne « qui coutoit à mettre en œuvre huit sols parisis le millier (1). »

Si nous ajoutons à ces détails que presque tous les murs étaient tendus de grandes tapisseries à personnages, on pourra se représenter l'intérieur du Louvre sous Charles V, où se voyaient réunis les meubles indiqués dans les comptes de Culdoè.

Les articles 87 et 93 contiennent le détail des tables à manger du roi et de la reine, ainsi que du dais dont ces tables étaient surmontées. Le roi n'y avait pas un siége à part : un banc à colonnes de vingt pieds de long, surmonté d'un dais de même étendue et large de trois pieds, réunissait tous les convives. La table, le banc et le dais de la reine avaient absolument les mêmes dimensions.

Signalons en passant l'article 88 qui nous apprend que le *vieux banc de saint Louis* avait été consolidé, et qu'on y avait ajouté une marche.

Les articles 101 à 105 comprennent une description détaillée des *dressoirs* du roi et de la reine. Cette description est d'autant plus utile qu'elle nous apprend que le nom de *dressoir* ne s'appliquait pas seulement aux meubles étagés destinés à recevoir l'argenterie, mais encore à ces pièces d'appartement auxquelles de nos jours on a donné le nom d'*office*. D'après les détails des différents articles de cette dépense, les dressoirs du roi et de la reine étaient d'une très-grande étendue : il entrait dans leur construction douze toises et demie de parpaing de pierre ; il y avait en outre un retrait en renfoncement pour mettre la vaisselle, un petit escalier et neuf tables en pierre de sept et huit pieds de long.

Dans l'article 75, nous voyons que l'*étude* du roi était tendue de serge de Caen et de quatre tapis verts. On ne voit pas dans quelle partie du Louvre cette étude était placée, mais on peut croire qu'elle n'était pas éloignée de la *librairie* ou bibliothèque.

Les articles 106, 108, 117 renferment au sujet de cette *librairie* des détails nombreux et précis, la plupart déjà mis en œuvre par Sauval, qui a consacré un chapitre à la tour de la Librairie (2). Néanmoins, les trois articles des comptes de Culdoè sont plus explicites que l'analyse donnée par Sauval et ajoutent quelques détails à ceux qu'il avait déjà fait connaître. Au sujet du bois *d'Irlande* dont étaient lambrissés les murs de la librairie royale, nous trouvons

(1) *Antiquités de Paris*, t. II, p. 21.
(2) *Antiquités de Paris*, t. II, p. 15.

dans un compte de Pierre Culdoè pour l'an 1364, un renseignement qui ne manque pas d'intérêt : « Robert Gringoire, pour avoir « pris en un batel près la première porte du Louvre IIII^{c} IIII^{xx} (480) « pieces de bois d'Illande, et les porter et entasser dedans ledit « chastel en une chambre, lesquels boids ont esté donnez au Roy « par le seneschal de Hainaut, pour les œuvres de son dit chastel, « par marché fait XX s. p. »

D'après l'article 108, Pierre Lescot, cagetier, reçut une somme de dix-huit francs d'or pour avoir fermé de treillage les fenêtres de la tour de la Librairie, afin de protéger les livres contre les *oiseaux et autres bestes*. D'après l'article 117, André Duverger, *fevre* (forgeron), exécuta pour la *librairie du Roy* dix treillis de fer, deux cents petits gonds et deux cents crochets de fer. A quel usage étaient destinés ces gonds et ces crochets? Nous pensons qu'ils devaient supporter les *lettrins* ou pupitres garnissant la muraille, sur lesquels on plaçait les livres, ou bien encore qu'ils tenaient les livres fixés aux pupitres. Pour apprécier la valeur de notre conjecture, il ne faut pas oublier que pendant tout le moyen âge les livres n'étaient pas rangés les uns contre les autres, comme ils le sont de nos jours, mais posés sur le plat, et assez espacés pour être ouverts sans qu'on eût à les déranger.

Les articles 115 et 116 tiennent aussi par un point à la *librairie* de Charles V. Ils font mention de l'argent payé à Mathieu Congnée, *lieur* (relieur) de livres, pour avoir relié le Missel de la Grande Chapelle et les comptes de l'argent payé pour la délivrance du roi Jean. Enfin nous terminerons nos observations sur l'ameublement, en faisant remarquer, d'après l'article 124, que Philippe Seraste, *huchier*, c'est-à-dire menuisier, fut chargé de faire un étui pour l'horloge qui sonnait les heures au Louvre.

LES JARDINS DU LOUVRE.

Les dix articles relatifs aux jardins du Louvre offrent le plus grand intérêt. Ils complètent la description de Sauval : « Le grand « jardin, dit cet auteur, étoit renfermé entre les fossés du Louvre, « la rue Froimanteau, celle de Beauvais et la rue d'Osteriche : le « long de la rue Froimantel, il portoit six toises de longueur sur six « autres toises, et cinq pieds de largeur du costé de l'église Saint-« Honoré.... Outre ce jardin, il s'en trouvoit encore quelques « autres autour du Louvre ; car le Roi en avoit un et la Reine aussi,

« mais qui n'ont pas duré jusqu'à la fin du règne de Charles VI, ce « prince en ayant fait des basse-cours.

« Pour ce qui est du grand, il a subsisté près de trois cents ans « entiers avec tous ses accompagnements. Sous Charles V, on l'ap- « peloit le parc et le grand jardin du Louvre, afin de le distinguer « des jardins du Roi et de la Reine qui étoient attachés à leurs appar- « tements du côté de la rivière et de l'église Saint-Nicolas. Sous « Louis XIII, il étoit nommé le vieux jardin, eu égard à un plus « nouveau qu'Henri IV avoit fait planter le long de l'eau, où leurs « Majestés venoient quelquefois se promener. Charles V et ses suc- « cesseurs ont assez bien entretenu ce vieux jardin ; mais Henri III « le gâta entièrement, et Louis XIII enfin le fit ruiner pour conti- « nuer le principal corps de logis de ce palais, sous la conduite de « Mercier. Ce fut dans ce jardin là qu'aux noces du duc de Joyeuse « se firent les joutes, les tournois et les autres galanteries dont nos « historiens nous ont laissé de si belles descriptions, et c'étoit encore « dans le même jardin qu'Henri III d'ordinaire faisoit battre ses « dogues contre ses lions et ses taureaux (1). »

Sans parler des treillages en bois à losanges, surmontés de fleurs de lis et armoriés des armes du roi, de la reine et des enfants de France, ainsi que de pavillons de même sorte placés sur une élévation en terre, il y avait dans ces jardins une assez grande variété de fleurs et de plantes de toute sorte. Entre ces plantes, à l'article 105, nous citerons la sauge, l'hysope, la lavande; entre les fleurs, à l'article 125, les lis, les violettes et les roses doubles vermeilles ; enfin, à l'article 127, il est fait mention de *dix-sept cents* ceps de vignes, payés huit francs d'or, qui avaient été plantés de chaque côté des treillages et contre les pavillons. A l'article 129 nous trouvons *douze milliers* de fraisiers. Comme on le voit, rien n'était négligé pour donner à ces jardins toute l'utilité et tous les agréments possibles à cette époque.

I. Compotus Petri Culdoe clerici, etc., de receptis et misiis per eum factis pro operibus castri Luparæ, ab anno 1362 usque ad 4 martii 1363.

Compte Pierre Culdoe lieutenant de noble homme messire Jean de Danville chevalier, chastelain du chastel du Louvre, des receptes

(1) *Antiquités de la ville de Paris*, t. II, p. 13.

et mises par luy faictes à cause de certaines besognes qui ont esté faictes es jardins dud. Louvre, à la plaisance du Roy nostre Seigneur, commençans ou mois de mars 362 et finissant ou mois de mars CCCLXIII après ensuivant.

. . . .

DESPENSE.

1. Perin Durant jardinier, pour avoir quis plusieurs bonnes herbes et icelles plantées ausd. jardins du Louvre, ou mois de mars 1362, en XVI francs XLVIII s. p. la pièce. XIIII l. VIII s. p.

2. Jean Baril faiseur de treilles, pour avoir faict un grand préau esd. jardins, et faict de merrien (1) un losengié tout autour à fleur de liz et à creneaux ; et faict deux chaières et couvert par dessus de lozenges, et armoié des armes du Roy et de nosseigneurs de France ; pour motte, merrien, osier et peines de ce, par lettres de recognoissance données le 15 jour de juillet CCCLXIIII ; en francs XVIII s. p. la pièce. XXX l. p.

3. Pierre Hubert faiseur de treilles, pour avoir relié les haies losengés d'entour lesd. jardins, ou mois de février 1363, et drecié environ la moitié desd. hayes que le vent avoit abatues ; pour merrien, osier et peine de ce, par lettres de recognoissance données le 15 jour de juillet 1364, en francs XVIII s. p. la pièce. IX l. p.

4. Jean Baril, pour avoir faict une motte de tere et de poulce, et dessus un paveillon de merrien à treilles, losengié et armorié des armes du Roy, de la Royne et de nos seigneurs de France ; et y avoir faict un pont levis, ou mois de mars CCCLXIII, pour merrien, osier et peines de tout ce, par lettres de recognoissance données le 15 jour de juillet 364, en francs XVIII s. p. la pièce. XXXVI l. p.

Charles par la grace de Dieu Roy de France, à tous ceux qui ces présentes lettres verront salut. Sçavoir faisons que nous pour le bon rapport qui faict nous a esté de la personne de Pierre Culdoé, iceluy avons faict et establi, et par ces lettres faisons et establissons clerc et payeur de noz oeuvres, aux gages, proffict et emolumens accoustumés, tant comme il nous plaira. Si donnons en mandement par ces presentes, à noz amez et féaux les gens de nos comptes que sur ce pris le serment dud. Pierre, iceluy laissent et facent joir et user dud. office ; et à tous nos autres justiciers et sujets que à luy en faisant led.

(1) *Merrien*, bois de charpente. Voy. Du Cange, *Glossaire*, v° *Materia*.

office en tout ce qui en dépend et pourra dépendre, obéissent et entendent diligemment. En tesmoin de ce nous avons faict mettre à ces présentes le scel duquel nous usions paravant que nous venissions au gouvernement de nostre Royaume. Donné à Paris, le 19ᵉ jour d'avril l'an de grace 1364.

Ainsy signé par le Roy. B. FRANÇOIS.

II. Compte Pierre Culdoé, clerc et payeur des oeuvres du Roy nostre sire, des receptes et mises par li faictes, à cause du dict faict (pour les oeuvres et réparations du chasteau du Louvre), depuis le viᵉ jour de juillet 1364.

DESPENCE. MAÇONNERIE.

5. Guillaume du Moutier carrier, pour une auge de pierre de cinq pieds de long et trois pieds et demye de lé, tenant une queue et demye d'eau, pour mettre emprès le puis du Louvre, pour servir à la cuisine. vi l. p.

6. Jean Dure maçon, pour faire le pan de mur depuis la tour de la chapelle avec la tour vers la *Fauconnerie*, dessassoir et assoir vi ou vii ommois de pierre en lad. tour par dessous en plusieurs lieux, où mestier estoit; et au dessus, changer toutes les pierres qui faisoient à changer jusqu'à l'entablement ; par marché faict xliiii fr. valent 39 l. 12 s. p.

7. Jean de Chaumont et Jean de Neufunir maçons, pour faire l'une des tours d'emprès le pontlevis, et devers le pan de mur ensuivant; et la tour qui fait le coin sur Saine, devers Paris ; dessassoir et rassoir v ou vi ornes de pierre, partout où mestier estoit, changer toutes les mauvaises pierres jusqu'à l'entablement etc. et pour faire en la douve des fossez environ deux toises de mur etc. xxxvi fr. val. xxxii l. viii s.p.

CHARPENTERIE.

8. Maistre Jean Bernard, charpentier, pour faire un petit clocher en la grand chapelle à pendre la clochette à sonner la messe, pour mettre un pallet de fust en l'huis de la chambre du Roy, et faire quatre marches de fust ou dessus la terrasse plomée par où le Roy monte ou galetas, etc.

9. Jean Aubert, charpentier, pour faire deux forts huis, l'un enchassillé et lié, de vi pieds et demy de lonc et de 5 pieds de lé,

pour la sale Saint-Louis, et l'autre claire de VI pieds et demy de long et de quatre pieds de lé; et de plaine paulme d'espoisse, glue à double parement, pour mettre iceluy huis en l'une des tours du vielz pont devers Paris. Item pour faire X huis simples joins à double foulure, tous de chesne, pour mettre ez lieux plus necessaires du Louvre, etc., XVI. l. XVIII. s. p.

MERRIEN.

10. Pour quatre solives et XV chevrons pour faire treteaux pour asseoir les esteaux des cuisines ou garde manger du Louvre, etc. Pour le merrien des X estaux à boucher, pour mettre ez cuisine et ez garde manger du Louvre, etc.

FERRURES.

11. Andrieu Du Vergier, pour faire en la salle du Louvre un grand serrure et une clef, en l'huis de la grand chapelle une serrure à boce, un verrouil et une clef à l'huis de la chambre M. d'Estampes, en montant à la tour une serrure plate à l'entrée de la salle au chastelain. Et pour faire en la tour, dessous la chambre du Roy, deux grandes serrures à boce et deux clefz; et en la tour dessous la chapelle aux huis de la tour deux serrures à boce et deux verrouils. Item en l'huis de la chambre de la fourrière une serrure à boce, etc. Item à l'huis des grands degrez d'emprès la terrasse une serrure à boce. Item pour faire en la salle où le Roy mangiest une serrure et un verrouil, etc., VI. francs val. CVIII. s. p.

VOITURES ET LABOURS.

12. Jean Alant, pionnier, pour curer les fossez d'entour le chastel du Louvre jusqu'à vif fond de terre et le conduit qui va à Saine, etc., VI.XX.IIII. francs pièce XVIII. s. p. val. C.XI. l. XII. s. p.

13. Richar Auvet, voicturier, pour amener de Saint-Germain des Prez aux Tuilleries sur la rivière de Seine VI.C. quarreaux de pierre, et de l'autre part la rivière rechargé lesdits carreaux et mener au Louvre, par marché faict, IIII. l. p.

14. Thomas du Maret, batellier pour passer par l'eau de Saine lez Tuilleries, de Saint-Germain des Prez lesd. V.C. carreaux de pierre, et iceux descendre aux degrez du Louvre, par marché faict, etc., LX. s. p. Summa VI.XX.VI. l. XVIII. d. p.

VOIRIÈRES ET AUTRES CHOSES.

15. Guillaume Brisetout, voirier, pour xx pieces de verre neuf en la chambre du Chastelein (en un autre endroit il y a : et de ses escuyers) en sa garde robe, etc.

16. Item le d. Guillaume pour rapareiller les voirieres de la grand chapelle du Louvre, celles du galetas et celles des trois chambres du Roy au Louvre, par marché faict, XL. s. p.

17. Jean Le Grand, chasublier, pour faire deux custodes, froncier, docier et parement à une nape, un autel de marbre, un estuy pour corporaux couvert de soye et semé de fleur de lis, pour aneaux et tissu de soye à pendre les d. custodes, par marché faict à li par le d. maistre Jacques, 8e jour juillet 1364, VIII. l. p.

Summa operum istius compoti V.C.LI. l. XIII. s. VI. d. p.

III. Louvre. — Le commencement de ce compte manque ; il y a environ cinq ou six cahiers adirés. Il est daté en un endroit : *Magnum compotum de operibus et reparationibus Luparæ a 18 octobris 1364 usque ad primam maii* 1367.

Nota. Il n'y a que la recepte et partie du premier chapitre de despence qui manque.

Pour achapt de pierre montant à 5000 l. en fr. à 18 s. et en francs à XVI s. 2180 ; que toute la despence n'y soit.

DESPENCE.

1er art. du 1er chap[re] de despence qui reste de ce compte :

18. Jean Le Mane quarrier, pour avoir livré aud. Louvre pour les oeuvres dessus dattées, cent batelées de quartiers de pierre, de 3 et de 2 piedz et demy de long, et de deux piedz de lé, à l'un des bouts de la pierre de Vitry ; chacun batel portant par eau le poids de 1600 tonneaux de vin, achetées de li par led. maistre Remond, 23e jour de mars 1364, chacun poids de tonnel XVI s. p. vaut la batelée XII l. p. par quittance etc., qui font en francs d'or XVIII s. p. XII.C.L l. p.

(Les autres pierres venoient de Wicestre (1), pierre de lyais de N. D. des Champs, pierre de Gentilly, pierre de Saint-Leup de Serans, du pont de Charenton, de Vitry, carrières de Valgirard (2).

(1) *Wicestre*, aujourd'hui Bicêtre.
(2) *Valgirard*, aujourd'hui Vaugirard.

19. Pour les fondemens de la grand viz VIII quartiers de pierre du feriont de N. D. des Champs; *(sic)* chacun quartier de quatre pieds de long et de deux pieds et demy de lé, chacun quartier acheté un franc d'or. VI l. VIII s. p.

20. Pour 58 marches de lyais de VI pieds et demy de long et de 2 pieds et demy de lé, dont 17 ont esté mis à la grand viz neuve, et 41 employés en la tour vers la fauconnerie, chacune marche XIII s. III d. p.

21. Pour 8 couvertures de lyais qui font reposoirs pour le Roy ez quatre estages de lad. viz, chacune couverture de VI pieds et demy de long et de 2 pieds de lé, achetée chacune piece XL s. p.

22. Pour 32 toises d'entablement pour les murs des sales et chambres neuves du Roy et de la Royne ; chacune toise XX s. p.

Summa II.M.LVIII l. XVIII s. p. de XVIII s. pour franc, et VII.C.IIII.XX.XVI l. XVI s. p. de XVI s. pour franc.

23. Pour quatre grans cartiers de lyais, pour quatre corbeaux qui sont au pignon de la chambre du Roy où fut la sale Saint Louis, à XXs. p. le quartier.

24. Pour deux grans couvertures de pierre de lyais, chacune de sept pieds de long de 2 pieds de lé, et d'un pied et demy d'espoix; l'une pour l'huisserie de la sale neuve du Roy et l'autre pour l'huisserie de la sale neuve de la Royne aud. Louvre, chacune piece achetée cinq francs d'or cy VIII l. p.

25. Thibaut de la Nasse marguillier de Saint-Innocent, pour dix tumbes dont l'on a faict marches en la grand viz neuve dud. Louvre, achetée de li chacune tumbe pris ou cimetière dud. Saint-Innocent à XIIII s. p. par quictance VII l. p.

26. Pour deux couvertures de lyais, chacune de sept pieds de long, et de 2 pieds de lé; pour 2 apuis ez fenestrages de la sale du Roy, chacune trois francs d'or IIII l. XVI s. p.

27. Pour 24 marches de lyais pour la grand viz neuve, chacune de 7 pieds de long et de 2 pieds et demy de lé.

28. Pour autres 24 marches semblables.

29. Pour 14 petites marches pour la petite tournelle de la grand viz à monter sur la terrasse.

30. Pour la maçonnerie des murs où fut la sale Saint-Louis.

Somme VII.C.XX l. p. franco pro XVI s. et XVIII.C.XIIII l. XIIII s. IIII d. p. fr. pro XVI s.

31. Pour VII.XX toises de grand parpin d'un pied et demy de lé, pour tuyaux de cheminées etc.

32. Pour 28 corbeaux de pierre de lyais de N. D. des Champs, pour les quatorze poutres des sales et chambres de la Royne, à x s. par chacun. XIIII l. p.

33. Pour la cheminée de la chambre à parer du Roy etc.

34. Pour voute de la cave de l'eschançonnerie du Roy.

35. Pour marches pour l'entrée de la garde robe emprès l'eschançonnerie, et pour la tour qui fait fer à cheval devers l'Artillerie etc.

S. XVII.XX l. pro prima expensa.

Summa VII. M. II. C. LXII F. X s. p. franco pro XVIII s. p et IIII. M. IIII. C. XLVI l. XIX s. VIII d. p. franco pro XVI s. p.

AUTRE DESPENCE POUR CHAUX.

36. Pierre Engeran, marchand de chaux, pour avoir livré XVI muids de chaux, le 23 octobre 1364, chacun muid IIII F. I s. X d. p. cy LXV l. IIII s. p. fr. 18 s. p.

37. Pour trois sextiers de chaux en pierre, pour blanchir la tuille des salles et chambres neuves du Roy etc.

Summa V. C. XLV F. XIX s. p. franco pro XVIII s. p. et III. C. IIII. XX. XIIII l. VII s. p. franco pro XVI s. p.

AUTRE DESPENCE POUR SABLON.

38. Michaut Roussel, ayde à maçon, pour avoir mis du mortier pour les oeuvres de maçonnerie du d. Louvre, XVI muids de chaux, et livré le sablon au prix d'un franc d'or chacun muids, cy XVI fr. d'or, XIIII l. VIII s. p.

Summa IIII. XX. XVI l. XVIII s. p. franco pro XVIII s. p. et VII. XX l. XVIII s. p. franco pro XVI s. p.

AUTRE DESPENCE POUR PLASTRE.

39. Le Xe juin 1365, fut marché faict par le d. maistre Remond à Pierre Tournant et autres plastriers, de livrer aud. Louvre pour les oeuvres d'iceluy lieu, certaine quantité de plastre cuit, au prix de XXIIII s. p. chacun muid.

Du 23 juin 1365 jusqu'en juillet	XXXV l. VIII s. p.
juillet 1365 somme	IIII. XX. XVI l. XIX s. p.
aoust 1365 somme	VI. XX. VI l. VII s. p.
septembre 1365 somme	VII. XX. V l. V s. p.

octobre 1365 somme viii. xx. x l. ix s. p.
novembre 1365 somme iiii. xx. viii l. xviii s. p.

40. Autre recepte de plastre, au prix de xxxii s. p. chacun muid, à cause que busche estoit encherie du 22 novembre 1365.

Du 22 novembre et mois de décembre 1365, somme iiii. xx. viii l. viii s. p.

janvier 1365 lxix l. iiii s. p.
février 1365 vii. xx. iiii l. xvi s. p.
mars 1365 vii. xx. ii l. xvi s. p.
avril 1366 iiii. xx. vii l. iiii s. p.
mai 1366 iiii. xx. xix l. xii s. p.
juin 1366 jusqu'au 4 juillet iiii. xx. xiii l. xii s. p.

41. Autre recepte de plastre, au prix de xxviii s. p. pour chacun muid.

Depuis le 4 juillet jusqu'au 20 xlviii l. vi s. p.

Autre recepte de plastre au prix de xxx s. pour chacun muid.

Du 25 juillet jusqu'à la fin d'aoust c. xv l. xv s. p.

septembre 1366 vi. xx. x l. xvii s. vi d.p.
octobre 1366 c. v l. vii s. vi d. p.
novembre 1366 iiii. xx. x l. p.
décembre 1366 lxx l. x s. p.
janvier 1366 xlvi l. xvii s. vi d.
février 1366 vi l. xv s. p.
mars jusqu'au 17 xv l. ii s. vi d. p.

4° Expensa. Summa ab alia ii. m. xix l. iiii s. p. franco pro xvi s. p.

42. Autre despence pour maçonnerie.

Jean de Chaumont et Jean de Neufmur, tailleurs de pierre, pour avoir abatu sainement de l'hostel qui fu madame de Valence, à Saint-Germain des Prez, vi milliers et iii. c de quarreaux de pierre, pour les oeuvres dud. Louvre, au prix de ix s. p. chacun cent montent xxviii l. vii s. p. par marché faict par led. maistre Remond du Temple xxvii l. p.

43. Pour avoir abbatu les creneaux depuis la tour devers la Taillerie, tout au long du costé des jardins jusqu'à la tour devers la Fauconnerie, et en retournant de l'autre costé de la salle Saint-Louis dont on a osté une assize pour l'encorbeillement qui court tout au long des murs et des tours etc. Le 15 janvier 1365 fut mesuré la besogne en la manière qui ensuit : — Premièrement le pan de mur entre la tour qui faict fer de cheval devers l'Artillerie, et la tour devers la

Fauconnerie, a de long quinze toises et demy et deux pieds, et de haut depuis le commancement de la neufve maçonnerie jusqu'à l'enchapement endroit les planchers, trois toizes deux pieds valant cinquante deux toizes et demy, deux pieds. Item pour les deux arcs de pierre d'icelles aisances. Item lad. tour devers la Fauconnerie a de pourtour XI toizes parmy le milieu ; et de haut depuis la neufve maçonnerie jusqu'à l'enchapement deux toizes et demyes. Item pour le chauffe-dos endroit la chambre de la Reine.

Item le pan de mur devers les jardins entre icelle tour et la tour du milieu a de long dix huit toizes, trois pieds.

Item lad. tour du milieu devers lesd. jardins a de pourtour six toizes, cinq pieds et demy.

Item pour la saillie des encorbeillemens d'icelle tour, pour le chauffe-dos de l'oratoire du Roy, onze toizes, douze pieds et demy.

Item pour la voute dud. oratoire une toize et demy etc.

Somme IX.C.XII toizes demyes demy quart c. s. chacun toize carrée, parmi quelz ont esté quis eschaffaux, chables, engins, taillie et assis la pierre; fait le mortier; et l'en leur a livré la matière sur le lieu.

Le mur de la salle Sainct-Louis, les fondements ont dix pieds de parfont, sur cinq toises et un pied de long, etc.

44. Pour avoir abattu trois viez pignons, l'un où fut la terrasse plomée, et les deux autres en la chambre où le Roy souloit gesir aud. Louvre, par marchié faict XLVIII s. p.

45. Colin le Charron, tailleur de pierre, pour avoir taillé une huisserie (1) et la voussure empointée (2), et un chanteau ou quel a un archet ; et dedans iceluy un escu de France adestre de deux angelos ; icelle huisserie entre la salle neuve du Roy en sa chambre, devers la rue d'Otheriche aud. Louvre, par marché faict XIIII l. p.

46. Jean de Sainct-Romain, ymager, pour avoir taillé deux reprinses (3), l'une un beuf et l'autre un esgle, chacun tenant un rouleau en maniere des Evangelistes, lesquelz servent sur le chanteau où sont les armes du Roy, pour porter le pignon du dernier étage de lad. viz, par marché VI l. VIII s. p.

47. Drouet de Dampmartin, tailleur de pierre, pour avoir taillé

(1) *Huisserie*, toutes les pièces de bois qui forment l'ouverture d'une porte.

(2) *Voussure empointee*, baie de porte en arc aigu. Cette locution, pour exprimer ce qu'aujourd'hui on appelle improprement *ogive*, a déjà été signalée aux lecteurs de la *Revue* (Voy. t. VII, p. 69.)

(3) *Reprinses*, cul-de-lampe.

une huisserie à voulsure empointée et un chanteau ouquel a un archet; et dedans iceluy archet un escu des armes de la Royne, devers la rue d'Osteruche, par marché XIIII l. p.

48. Jean Bairot, maçon, pour avoir faicte l'assiette de maçonnerie du gros mur de IX pieds d'espois, lequel faict closture tout contremont entre les sales et chambres neuves du Roy et de la Royne, aud. Louvre, devers la Taillerie; et y sont faictes trois grandes cheminées, chacune de quinze pieds de lé pardevant, et de douze piedz ou font, endroit les contrecœurs, l'une pour la sale du Roy, l'autre pour la sale de la Royne, et l'autre pour la sale de commun, l'un en droit l'autre; et sont faictes les languettes (1) et manteaux de pierre de taille et les jambes et les huisseries où il appartient; et est fondé led. mur huit pieds et demy en terre, etc.

49. Jean de Sainct-Romain, pour avoir faict quatre images de pierre, assavoir une de N.-D. et une de Sainct-Jean, pour les deux pignons de la grand viz neuve, une de Sainct-Michel et l'autre de Sainct-Georges, pour les deux costez du pignon de la grand chambre du Roy, où fut la sale Sainct-Louis, etc. XIX l. IIII s. p.

50. Jean Bairot, maçon, pour avoir dessellé tous les bouts de viez poutres qui estoient esd. sales et chambres de la Royne, et assis les vingt-huit corbeaux de liaiz qui portent les quatorze poutres de dessus, pour plastre et peine XVI l. XVI s. p.

51. Logemens neufs : la sale contient XXXIX toises et demye, XIII pieds et demy ; la chambre à parer, devers la Fauconnerie, contient trente-deux toises, la chambre en suivant vingt-huit toises et d. et six pieds ; la grand chambre derrière où fut la salle Sainct-Louis, 33 toises trois quarts et deux pieds, et les autres deux chambres de la Reyne, devers la Taillerie, LI toizes demye et XII pieds, qui font IX.XX.VI toizes six pieds et demy à V s. le pavement de plastre et platras, la toize IX.XX.XIII l. IX d. p.

52. Pour avoir mis en plastre LXXII croisées et chassis, sçavoir :

En la salle neuve du Roy,	24 chassis.
En sa chapelle,	4 chassis et 2 fenestres.
En ses trois chambres devers la Fauconnerie, en l'allée des aisances et icelles aisances,	XVI chassis et 2 fenestres.

(1) *Languettes*. On nomme languettes les entre-deux ou séparations qui se trouvent dans un même tuyau de cheminée pour séparer les cheminées de différentes chambres

En la tour qui fait fer à cheval,	10 chassis.
En la tour devers la Fauconnerie,	24 chassis.
En l'allée de la terrasse,	2 chassis.
Devant l'huis de salle du Roy,	1 chassis.
En ses deux chambres, devers la Taillerie et en l'allée des aisances,	34 chassis.
En la tour emprès,	26 chassis.
Item en la salle la Reyne et en sa chapelle,	19 chassis et 2 fenestres.
En ses trois chambres, devers la Fauconnerie, en l'allée des aisances et en icelle,	26 chassis.
En ses deux chambres, devers l'Artillerie et ez aisances,	30 chassis.
En la salle du commun et en la salle emprès,	10 chassis.
En l'eschançonnerie et en la grand chambre emprès,	VI chassis.

Qui font 247 chassis et VI fenestres, etc., pour IIII.XX.I huis neufve.

Summa ab alia IIII.M.VI.C.LVIII l. XV s. p. franco pro XVIII s. p. et X.M.IIII.XX.XV l. III s. I d. en pit. par. franco pro XVI s. p.

AUTRE DESPENSE POUR FAVERIE.

53. Le 14 mars 1364, fut marchié faict par led. maistre Remond à Andrieu Vergier, fevres (1), de faire et livrer aud. Louvre, griffes, tirans, barreaux, gougeons et treillis de fer, au prix de XIIII. d. p. la livre.

54. Pour un huis de fer et deux manteaux avec un boulon de fer à le fermer, pour le manteau de la cheminée en l'estude du Roy, par marché faict, X. l. p.

Summa ab alia XLVII. l. VI. s. II. d. p. franco pro 18. s. et VII.C.XLVIII. l. VII. s. X. d. p. franco pro XVI. s.

AUTRE DESPENSE POUR VOICTURES ET LABOUREURS.

55. A Jean De Vaux, voicturier, pour avoir pris en l'hostel qui fut Madame de Valence, à Sainct-Germain des Prez, et amené aud. Louvre VI.M.CCC. carreaux de pierre. à XX. s. p. chacun cent, LXIIII. l. p.

(1) *Fevres*, serrurier

56. Pour avoir amené XI. tumbes prinses à Saint-Innocent, par marché, pour la grand viz neuve, XXIIII. s. p.

57. Pour avoir pris aux Blancs Manteaux et en la grand Rue Sainct-Denis, cinq images de pierre qui y ont esté taillées et iceux amenez sainement, pour la grand viz neuve, cy IIII. l. XVI. s. p.

Summa IIII.XX.VIII. l. p. franco, pro XVIII. s. et IIII.XX.IX. l. V. s. X. d. franco pro XVI. s. p.

AUTRE DESPENSE.

58. Yvert Doublet, charpentier, pour avoir livré XII. aiz de chesne ordonnez pour molles à tailler pierres XXIIII. s. p.

Summa ab alia IIII.XX.IX. l. IIII. s. p. franco pro 18 s. p. et VI.XX. l. IIII. s. IIII. d. franco XVI. s. p.

Autre despence de journées faictes aud. Louvre de pionniers et tumbereaux de taillerie de pierre, de maçons et aides, à cause de plusieurs besognes faictes appartenant aux oeuvres d'iceluy lieu, tant pour les fondemens de la grande viz neuve (1) comme ailleurs aud. Louvre, osté gravois des viez edifices qui ont esté abbatus et nouvelles besognes qui y ont esté faictes depuis le mois d'avril 1365, en la maniere que led. maistre Remond du Temple les a ordonnées.

Les semaines et jours et les noms des ouvriers cy après ensuivent.

59. Pionniers chaque semaine, nom surnom et les tournées chaque semaine environ XXX.

Pionniers à II. s. VI. d. par jour.

Tailleurs de pierre V. s. VI. d. par jour.

Un homme et son tumbereau VIII. s. p. par jour, quelquefois VI. s. VI. d. p.

Sommes des premières journées XXI. l. XVI. s. p. francs XVIII. s. p.

Et des autres journées IX.C.IIII.XX.XVI. l. XVII. s. VI. d. p. francs p. XVI s.

Autres journées depuis le 25 avril 1366 jusqu'au 10 avril 1366, etc.

Sommes des journées dernières VII.C.XVII. l. XVI. s. X. d. franco pro XVI. s. p.

AUTRE DESPENSE POUR MERRIEN.

60. Baudinet le Courtier, marchand de merrien, pour XVI.C.L. pièces de merrien, premièrement vingt cinq poutres les vingt chacune

(1) *La grand viz neuve*, le grand escalier neuf.

de VI. toizes de long et d'un pied et demy de fourneture, les quatre autres chacune de sept toizes de long. Item 366 solives chacune de deux toizes et demye de long, etc.

Summa ab alia XVIII.C.XII. l. XII. s. p. franco pr. 18. s. p.

Et III.M.IIII.C.XL.IIII. l. XVI. s. VI. d. ob. p. franco pro XVI. s. p.

AUTRE DESPENSE EXTRAORDINAIRE.

61. Martin Ville et autres ses compagnons aydes aux maçons, pour leur vin que le Roy nostre seigneur leur donna aud. Louvre pour ce par quictance etc. en deux francs d'or XXXVI s. p.

62. Richard Pitois et autres, maçons et tailleurs de pierre pour leur vin que le Roy nostred. seigneur leur donna par mandement, sous le sel secret donné 18 jour d'octobre 1365, lorsqu'il alla visiter les oeuvres de l'hostel M. d'Anjou à Paris en XX francs d'or XXVI l. p.

Summa ab alia XXXVI s. p. franco pro XVIII s. p. et XLV l. XII s. p. franco pro XVI s. p.

IV. Autre despence extraordinaire pour chenetz de fer, coustes, coussins, tables, traiteaux, dreçoirs, bancs, fourmes et autres ustensiles et choses notables achetées du commandement du Roy, pour la garnison de son d. chastel du Louvre, lesd. parties contenues en un rôle, etc.

(Ce chapitre est escrit entièrement.)

63. Pour trois paires de chenetz pesant IX.XX.XIII l. de fer, XVI d. p. pour la livre, pour ce XII l. XVII s. III d. p.

64. Pour X paires de chenetz pesant V.C.LXI l. de fer XXXVII l... VIII s. p.

65. Pour quatre paires d'autres etc. pesant VII.XX.X l.... X l. p.

66. Pour quatre paires de chenetz de fer pour les chambres de la Royne, une paire pesant IX.XX.XVIII livres etc. qui font quatre cent cinquante-cinq livres de fer à 16 d. p. XXVI l. XIII s. IIII d. p.

67. Pour une tenaille, unes pincettes et un tirtifeu, pour ce XVI s. p.

68. Pour trois tenailles, trois tirtifeux et deux pelles de fer, XLVIII s. p.

69. Pour cinq soufflets neufs, les aucuns ouvrez de taille, II francs d'or XXXII s. p.

70. Richard des Ourmes courtepointier, pour quinze litz neufs, sçavoir deux lits pour le corps du Roy XL francs, un lict pour M. d'Estampes XVI francs, et douze licts communs, trois francs trois quarts la pièce, montent XLV francs en cent francs d'or IIII.XX l. XVI s. p.

71. Pour dix huit coustes viez fournis de coussins XIX l. XII s. p. pour les rapareiller IIII l. p. XXIII l. XII s.

72. Pour cent aulnes de toile à faire paillasse et autres choses à II s. p. l'aune pour ce X l. p.

73. Agnès la Cauche cousturière pour le Roy, pour avoir taillé IX paillasses, icelles emplies de foin et de feurre et cousues XXXII s. p.

74. Giles Durant espicier, pour XII aulnes de toile, pour les fenestres de la chambre M. d'Estampes et de la chambre au grand maistre d'ostel, chacun aulne V s. p. LX s. p.

75. Perrenelle de Crespon, pour deux sarges de Caen et quatre tapis vers pour l'estude du Roy, trois francs et demy la piece pour ce XVI l. XVI s. p.

76. Marie Lallemande, pour sept aulnes et un quartier de drap noir de Caen et VIII pieces de feutre blanc et pers, pour feustrer l'estude du Roy et les fenestres de sa chambre et de la chambre de la Royne, devers la fauconnerie, à XIIII s. p. l'aune C.I s. VI d. p. et pour chacune piece de feutre XII d. p. vallent VIII s. p. pour ce C.IX s. VI d. p.

77. Nicolas Yfore blasonnier, pour avoir feustré IX chassis en la chambre du Roy, deux en sa petite chapelle, quatre en son estude et une fenestre, huit en la chambre dessus iceluy estude, et en l'oratoire de sa chapelle neuve deux, qui font vingt cinq chassis VI s. p. la pièce valent VII l. X s. p. Item pour avoir feutré deux comptoirs, un banc, une chaiere, une fourme (1) et deux quartiers de planches ou dit estude ; et pour deux coussins IIII l. p.

78. Item en la chambre de la Royne devers la fauconnerie, feutré cinq chassis en la tournelle, emprès trois, et en sa chapelle III, qui font XI chassis aud. prix valent LXVI s. p.

79. Item et pour sa peine d'avoir mis de la toile cirée en neuf chassis tant en la chambre M. d'Estampes, comme en la chambre au grand maistre d'hostel LXIIII s. p. Et pour tout ce faire led. Nicolas a quis ruban et cloud par quittance etc. XVIII l. p.

80. Thibaut le Roulier, pour un banc de taille trois francs, et pour quatre fourmes, quatre escrans à feus, quatre francs en sept francs d'or valent CXII s. p.

(1) *Forme*, banc. C'est aussi un escabeau ou tabouret de bois : « Climent pour une formete à seoir pour jouer des orgues. » Douët d'Arcq, *Comptes de l'Argenterie des rois de France au XIVe siècle*, en 1851, in-8°, table des mots techniques, p. 377.

81. Pour quatre bancs de taille, XII l. VI s. p.

82. Hannequin, de la Chapelle, pour un banc de taille à osteaux et à bestes, deux pieds de long, six francs ; pour un autre banc de taille à deux parements et à marchepied, de XII pieds de long, VIII francs ; et pour un autre banc de taille à un parement de XII pieds de long, VI francs ; lesquels bancs sont ez chambres du Roy, XV l. IIII s. p.

83. Et pour portage du banc à marchepied, lequel fut aporté à heure de minuict par huict compagnons pour la venue du Roy, XVI s. p.

84. Pour un dreçoir en la salle du Roy deux francs et demy, et pour six fourmes, trois de douze pieds et trois de sept pieds de long, trois francs, cy IIII l. VIII s. p.

85. Pour quatre estaux à bouchier, mise en la cuisine de la basse-court du Louvre, IIII francs d'or valant LXIIII s. p.

86. Pour demy cent d'aiz de chesne, de six et sept pieds de long, pour faire des dreçoirs et marchepieds en la grand sale par terre, pour ce IIII l. p.

87. Jean de Verdelay et Colin de la Baste, huchiers, pour un banc de chesne à coulombes (1), de XX pieds de long, mis en la sale par terre, pour la grand table du Roy, avec le dois d'icelle longueur, de trois pieds de lé, garny de traiteaux ; lequel banc a esté allongié le siege de deux personnes et haucié à doubles marches, et le dois pareillement, pour ce XIIII francs.

88. Item pour un dreçoir enfoncé et une marche tout autour en icelle sale, et enfonsé le viez banc Sainct-Louis et une marche autour ; pour ce VIIII francs.

89. Pour portage du premier banc, demy franc ; et pour deux eschelles à tendre les chambres du Roy, un franc : cy pour tout, XVIIII l. XVI s. p.

90. Pour deux dreçoirs mis ez chambres du Roy, VI l. VIIII s. p.

91. Pour quarante-six tables fournies de treteaux et quarante-deux fournies, IIII.XX francs d'or valant LXIIII l. p.

92. Pour un banc où le Roy tient ses requestes, LXIIII s. p.

93. Marie Sirasse, huchiere, pour un dois de XX pieds de long, en forme de peneaux gluez, le dossier et le marchepied de devant de taille, et quatre bestes sur les piedz ; et pour une table de sapin d'icelle longueur et de quatre piedz de lé, fournie de trois treteaux en la salle de la Royne aud. Louvre ; pour ce XXVIII francs.

(1) *A coulombes*, à colonnes.

94. Item pour six tables de noyer, une paire de treteaux et VI fournies, les quatre de dix huit pieds de long et les deux de XII pieds, pour les sales et chambres de la Royne, XVI francs.

95. Item pour un dreçoir à deux fondz, de six pieds de long en lad. sale, deux francs.

96. Item pour deux buffès et deux petites fournières pour l'aumosnier et pour l'huissier et sergent d'armes, trois francs.

97. Item pour avoir faict de peine establier au rond de la tour qui faict fer de cheval devers l'artillerie, à mettre les ornemens de la chapelle, avec deux dreçoirs qui sont ou galletas d'icelle tour, et pour la façon de six fourmes, III francs.

98. Item pour deux chaieres à dos carrées de bois d'Illande, qui sont ez galletas, IIII francs.

99. Item pour une marche à deux degrés esd. galletas et pour deux traiteaux, II francs d'or.

Pour tout, XLVI l. VIII s. p.

Summa ab alia IIII.C.XXXV l. V s. II d. p. franco pro 16 s. p.

Autre despence.

100. Pour papier parchemin, etc.

Pour le présent compte ordonner et minutter en papier, iceluy escrire en deux livres de parchemin, etc., LX l. p.

Summa istius expensæ communis C.LXXI l. VIII s. p. franco pro XVI s. p.

Summa totalis expensæ hujus compoti XLV. M. IX. C. VII l. XVIII d. p. par. videlicet XV.M.IIII.XX.XI l. XVII s. VIIII d. p. franco pro XVIII s. p. valent XVI.M.VII.C.LXVIII franc auri cum tribus quartis unius et II d. p.

Et XXX.M.VIII.C.XV l. III s. X d. pretii p. franco pro XVI s. p. valent XXXVIII.M.V.C.XIX franc, auri.

Sic summa totius expensæ ad franc. LV.M.II.C.IIII.XX.VII franc. auri cum tribus quartis unius, debet dictus solutor VI.C.XXXVII franc. auri cum tribus quartis unius.

Item debet pro quadam parte per eum tradita in debitis, videlicet pro Bandineto Lecambier XXXIX l. III s. p. valentes XXXI franc. cum dimidio.

Item debet pro fine compoti sui de operibus hospitii sancte Audoeni, incepti octava die maii 1364 et finiti ultima die martii 1366, XLIX l. et II s. p.

Summa quam debet VII.C.XXIII franc. auri cum quarto unius et II s. p.

Et debentur ei pro fine compote sui de operibus hospitii Bosci Viennensis, incepti duodecima die junii 1365 et finiti quindecima die maii 1367 IIII.C.LXIIII franc. auri et 4 de p.

Auditus et clausus 17 die julii anno M.CCC.LXVIII ad Burell. presente magistro Philippo Ogier.

Sic debet dictus solutor II.C.LIX franc. auri cum quarto unius et XX d. p. Redduntur domino Regi in fine alterius compoti ipsius Petri Culdoe de dictis operibus suti infra infiniti prima die februarii 1368 et ibi corrigitur.

V. Compte Pierre Culdoé, clerc et payeur des oeuvres de nostred seigneur, et des receptes et mises par luy faictes à cause dud. faict, tant pour les oeuvres des dreçoirs nuefs d'iceluy seigneur et de la Royne, comme pour reparations faictes en plusieurs lieux ou chastel du Louvre, du 1er jour de may 1367 jusqu'au 12 juillet 1368.

RECEPTE des généraux, etc.

Summa VII.M. franc. auri.

Autre recepte des deniers des coffres du Roy C. francs.

Summa totalis receptæ presentis compoti VII.M.C. fr. auri valent V.M.VI.C.IIII.XX. l. p.

DESPENCE.

101. Colart du Pont, pour avoir livré pour les oeuvres des dreçoirs XII. toises et demye de parpins de pierre, etc.

102. Led. Colart pour avoir livré pour la maçonnerie des dreçoirs dessusd. et du pontlevis de la grosse tour L. toises et demy d'autres parpins.

103. Pour deux grands grans tables de lyais de VIII. pieds de long; plus pour sept autres tables de sept pieds de long. Pour la couverture de la petite viz desd. dreçoirs, deux pour l'evier de l'eschançonnerie, une pour la couverture du retrait aux escuelles d'iceulx dreçoirs, une pour l'allée du pont levis de la grosse tour.

104. Item dix charretées de noyaux de pierre pour la cheminée des dreçoirs, etc.

105. Item en la tour dessus l'armurie du Roy, etc.

106. Jacques du Parvis et Jean Grosbois, huchiers, pour leur peine d'avoir dessemblé tous les bancs et deux roes qui estoient en la LIBRAIRIE du Roy au palais, et iceux faict venir aud. Louvre, avec les lettrins (1) et icelles roes estrécies chacune d'un pied tout

(1) *Lettrins*, pupitres. Voy. *Glossaire*, de Du Cange, aux mots *Lectrinum Lectorinum*.

autour; et tout rassemblé et pendu les lettrins es deux derraines estages de la Tour, devers la Fauconnerie, pour mettre les livres du Roy; et lambroissié de bois d'Illande, le premier d'iceux deux estages tout autour par dedans, au pris de L. francs d'or, par marché faict à eux par led. maistre Jacques, 14e jour de mars 1367. Et depuis pour ce que les sieges estoient trop viez, ont esté faictz de merien nuef que lesd. huchiers ont quis, dont led. marché leur a esté creu de VIII. francs, tant pour ce que pour courbe et siages de LX. pieces de grans bois. Item pour deux fors huis pour iceux deux estages de sept pieds de haut, de trois pieds de lé, et de trois dois d'espoisse VIII. francs d'or, pour ce parmy quatre quictances etc... qui font pour le tout LXVI. francs d'or valent LII. l. XVI. s. p.

107. Jean Caillou et Geffroy le Febvre, jardiniers, pour leur peine d'avoir replanté sauge, exope (1), lavende, fraisiers et plusieurs autres herbes ez jardins dud. Louvre; et iceux jardins fouys tout autour, et livré aucunes herbes et semences, et renouvellé tous les sentiers des préaux, et porté hors les mauvaises herbes et ordures desd. jardins; par marchié faict à eux par led. maistre Remon, 18e jour de mars 1367, pour ce X. l. p.

108. Pierre Lescot, cagetier, pour avoir faict et treillissé de fil d'archas au devant de deux croisiées de chassis et de deux fenestres flamengés ez deux derrains estages de la tour devers la Fauconnerie, aud. Louvre, où est ordonné la LIBRAIRIE du Roy, pour deffense des oyseaux et autres bestes, à cause et pour la garde des livres qui y seront mis; pour fil d'archas, crochet de fer et peine de ce, par marchié faict à luy par led. maistre Jacques, 4e jour de mai 1368, et quictance 3 juin ensuivant, en XVIII. francs d'or XIIII. l. VIII. s. p.

109. Pour la ferrure de quatre grans huis enchassillez et enfoncez de ciprès, pour la volte de la grosse tour où le Roy met ses joyaux; chacun de quatre liens, trois paumelles à gon, à queue d'aronde, trois gons et deux potences pardedans, de trois piedz de lon et de deux tirons à rosete.

110. Item pour trente petits chandeliers pour lad. volte.

111. Item pour une poulie de cuivre qui sert pour une lampe d'argent en lad. volte.

112. Pour cinq serrures de fust, etc.

(1) *Exope*, Isope.

AUTRE DESPENCE POUR DONS.

Au Roy nostre sire, par cédule sous son séel de secret rendue à court, dont la teneur s'ensuict :

De par le Roy les genz de nos comptes à Paris, nous vous mandons et enjoignons que la somme de cinquante francs d'or que nous avons euz et receuz comptant de Pierre Culdoé payeur de nos oeuvres, et lesquels nous avons donné aux ouvriers qui font les fossez pour la fortification de lad. ville de Paris le jour de la datte de ces présentes que nous visitasmes lesd. fossez, présent le Prevost des marchans et les eschevins, icelle somme de cinquante francs vous alloez es comptes dud. payeur et déduisiez de sa recepte sans difficulté ou contredit aucun, et sans demander sur ce autre declaration ou quitance que ces présentes, car ainsy le voulons estre faict. Donné en nostre chastel du Louvre lez Paris, le 15e jour d'aoust, l'an de grace 1367. Par le Roy. Ogier.

Pour ce icy en L. francs d'or XL. l. p.

113. A Jacqueline femme de feu Jean Colombel maçon, pour don faict à elle par led. Pierre pour aumosne, du commandement du Roy, présent led. maistre Philippe, au mois de janvier 1367 ; pour ce qu'elle est pouvre et impotent de ses membres ; et aussy que son dit feu mary fut mort en faisant les oeuvres du Roy oud. Louvre, en six francs d'or. IIII. l. XVI. s. p.

114. Regnaut Laucon natier, pour avoir livré et assiz aud. Louvre en la chambre à parer du Roy, devers la Fauconnerie, et en la chambre à parer de la Royne, dix toises et demys de nattes en réparation XLVIII. s. p.

115. Mathieu Congnée lieur de livres, pour avoir relié et couvert de nuef le messel de la grand chapelle dud. Louvre XX. s. p.

116. Led. pour avoir relié et couvert plusieurs comptes tant ordinaires comme des aydes, pour la delivrance du Roy Jean dont Dieu ait l'ame, comme plusieurs autres besognes de son mestier pour les necessitez de lad. chambre des comptes les parties en un roolle, etc. IIII. l. XIIII. s. p.

Summa totius expensæ presentis compoti V.M.VII.C.IIII.XX.XIII.l. V. s. IX. d. p.

Debentur ei C.XIIII. l. V. s. IX. d. p.

Et debita per eum curiæ tradita quæ adhuc debentur de dicto facto scripta. Item in illo fol. seq. et quæ sunt solvenda per Regem ascendunt ad IIII.XX.VIII. l. V. s. II. d. p.

Ita debentur ei xxv. l. vii. d. p.

Auditus ad Burellum 18 die Aprilis anno 1369 post Pascha. presente magistro Philippo Ogerii.

Redduntur eidem in alio compoto suo sequenti de dictis operibus finitis, prima die februarii 1368, hic infra sutum et ibi correctum et quitus hic dominus Rex.

Debtes que le Roy nostre sire dit, etc.

117. A Andrieu du Verger febvre, pour x treillis de fer, deux cents petits gons et deux cents crochets de fer, pour la LIBRAIRIE du Roy, et illec ferré deux forts huis et plusieurs autre besognes de son mestier par lui faictes et livrées aud. chastel du Louvre, laquelle le Roy nostred. seigneur luy doit xxiiii. l. iiii. s. vi. d.

Summa debitorum iiii.xx.viii. l. v. s. viii. d. p.

VI. Compte Pierre Culdoé, payeur des oeuvres du Roy nostre Sire, des receptes et mises par luy faictes ou chastel du Louvre, depuis le 12e jour de juillet 1368 jusqu'au 11e jour de febvrier en suivant; et sont comprises en ce présent compte certaines mises et besognes faictes aud. Louvre depuis que led. Pierre fut institué clerc et payeur dont il n'a rendu aucun compte cy-devant.

RECEPTE.

De Jean Amiot, commis à payer les oeuvres de l'hostel de Saint-Pol, pour convertir en viii poutres neuves par lettres données le 20 jour de septembre 1368. vi. xx. ii franc. et xv s. p.

Summa totius Receptæ presentis compoti iiii. c. xxx franc. auri et xv s. p. qui valent iii. c. xliiii l. xv s. p.

DESPENCE.

118. Estienne Michiel, marchand de merrien, pour avoir faict abbattre viii chesnes en la forest de Cuise, et iceux coper et esquarir pour viii grans poutres et faict amener par eau et faict descharger devers le Louvre, pour les planchers d'entre les chambres et sales neuves du Roy et de la Royne, en lieu de viii autres poutres qui sont trop foibles, la despence de ce veue et communiquée par maistre Philipe Ogier etc. par quictance iiii. xx. viii l. vii s. p.

Summa totalis expensæ presentis compoti v.c.xxxiiii l. iiii s. p.

Auditus ad Burellum 20 die aprilis anno 1369 post Pascha :

Debentur ei c.iiii.xx.viii l. viii s. p.

Item debentur ei pro fine alterius compoti sui pro denariis de dictis operibus finiti 1ª martii 1368 hic superfiniti immed. xxv l. vii s. p.

Summa quæ sibi debetur ii.c.xiii l. viii s. vii d. p.

Et debet dictus solutor pro fine magni compoti sui hic superius suti, de dictis operibus et Regiis operibus Luparæ finiti 1ª die maii 1367 ii.c.lix franc. cum quarto unius qui valent ii.c.vii l. ix s. viii d. p.

Ita debentur ei c.xviii s. xi d. p.

Redduntur eidem in fine ultimi compoti sui de dictis operibus Luparæ finiti 3ª martii 1371 ; et sic quitus est dominus Rex.

VII. Compte feu Pierre Culdoé, etc., à cause de certaines besognes et réparations qui ont esté faictes en la granche dud. seigneur séant à l'Escole Saint-Germain-l'Auxerrois, à Paris, sur la rivière de Seine, pour la réparation d'icelle granche commencée au mois de juillet 1368, et finissant icelles œuvres le ..... 1369.

RECEPTE. ii.c.xxxvii l. ii s. iiii d. p.

DESPENCE.

119. Pour avoir du costé de la place aux marchands coppé un demy pan de mur et taillé merien, latte, etc.

Summa totius expensæ presentis compoti ii.c.xxxvi l. ii s. iiii d. p. et sic quitus.

VIII. Compte feu Pierre Culdoé, etc., pour certaines besognes et réparations faictes ou chastel du Louvre, du 1er jour de febvrier 1368 jusqu'au 3e jour de mars 1371, qu'il alla de vie à trespassement. Ce présent compte rendu à cour par Jean Ployart, procureur de la femme et exécuteur dud. Culdoé.

RECEPTE.

De Jean Amiot commis à payer les oeuvres du palais royal et de l'hostel Saint-Pol par lettre c. francs.

De luy à six diverses fois c.lx francs

Summa receptæ m.v.c. francs.

DESPENCE.

120. Pour avoir faict ez jardins depuis le coin devers la rue Froimantel, seize toizes de long, abatu les cloisons et murs viez endroit la rue de Champflori jusqu'à la granche de la fourière du Roi, etc.

121. Pour un portail à istre desd. jardins en la rue Froidmantel.

122. Maistre Dreufavier tailleur de pierre, pour avoir taillé et faict

l'appareil aux maçons d'un portail de pierre qui est assis au mur neuf entre la rue Froidmantel et les murs desd. jardins, de dix pieds de haut et huit de lé à voulsure, chanfranc par dehors, entre lesquelz murs est le *montoir* du Roi et de la Reine.

123. Jean Gassot maçon, pour avoir scellé de plastre un porche couvert et les membrures d'un dossier à lict, en la chambre madame Marie de France aud. Louvre, et aussy scellé un autre porche à deux manteaux devers l'huis des jardins, et en la cour devers la rue Froidmantel scellé et assis en un auvent où le Roy et nos seigneurs jouent à la paulme; et au mur fait une fenestre à mettre les esteufs.

124. Philippe Sirasse huchier, pour avoir faict de bois d'Illande un estuy pour hébergier l'orloge M. le Dalphin qui sonne les oeures aud. Louvre.

AUTRE DESPENCE POUR LABOURS, JARDINS ET TREILLIS ENSEMBLE.

125. Jean Dudoy jardinier, pour avoir faict et livré ez jardins dud. Louvre, ce que ensuit: c'est a scavoir VIII hottées de fiens, et fouy une grande place de terre devers l'Artillerie, et pareillement devers la Taillerie du Roy, osté et porté hors les mauvaises herbes avec les pierres et gravois; et esd. jardins faict plusieurs carreaux de sauge, exope, lavende, cocq, fraisiers, violiers; et planté oignons de liz et roziers, vermeux doubles, et plusieurs autres bonnes herbes que il a quis, par marché faict XXXIIII l. p.

126. Estienne de la Groye jardinier, pour avoir faict esd. jardins certaines treilles, pavillons et hayes tout au long et au travers des murs par dedans.

127. Item pour avoir planté d'un costé et d'autre desd. treilles et pavillons XVII C et demy de chez (*ceps*) de vigne VIII fr. d'or; et les treilles, pavillons et hayes mesurées comme il ensuit: premierement le pavillon rond contient VIII toizes. Item le pavillon devers la rue du Coq contient VIII toizes. Item le pavillon devers la rue de Beauvez contient 5 toizes, celuy de rue Froidmantel contient 8 toizes, le pavillon carré de la fauconnerie XII toises; et pour le losengis d'iceluy XII toizes. Item les hayes dud. pavillon XV toizes de long. Item les hayes du petit jardin 6 toizes. Item une demye yraigne qui soustient les roziers blancs.

Une place ou court au dehors des jardins, devers la rue de Froidmantel, auquel lieu est ordonné à mettre les chevaux du Roy et de la Reyne, quand il leur plaira monter par illec.

128. Robin le Beuf, la peine de bras pour sa peine d'avoir

apporté toutes les coustes et les coissins de tous les edifices dud. Louvre qui sont en la garnison du fort, et les a mis en la salle par terre et les avoir escoussés et estendues pour essorer, et aussy nettoyé et houssé les chambres haut et bas, et porté hors les ordures que les gens de M. le Delphin y avoient laissées de l'espace d'un an ou environ, par quictance du, etc., IIII l. p.

129. Jean Dudoy, jardinier, pour avoir livré aud. Louvre quatre cens de fiens et les enfouys en terre et planté trois gerbes de roziers vermeulx, et douze milliers de fraiziers, avec plusieurs autres bonnes herbes, et aussy aprovigné les saulges, lavendes et violiers, et fouy tous les quarreaux desd. jardins et redréćié les sentiers ; pour ce XII l. p.

130. Sevestre Vallerin, la peine de bras, pour sa peine d'avoir saclé les sentiers qui vont parmy les préaux, avec les carreaux où sont les roziers, fraiziers, violiers, sauge, exopes, lavende, coq percin, sariette et autres bonnes herbes ; et aussy avoir arrosé quatre pavillons et une grande sale carrée pour faire venir les herbes, pour ce, etc., C s. p.

« Summa totalis expensæ hujus compoti, XV.C.XXVIII l. XIX s. « III d. p.

« Debentur ei III.C.XXVIII l. XIX s. III d. p.

« Et debita per eum curiæ tradita quæ sunt in fine hujus com- « poti ascendunt ad XX l. VI s. VIII d. p.

« Auditus ad burellum XI^a die februarii anni 1371, presente ma- « gistro Philippo Ogerii consil. Regis et generali visitatore operum « Regis.

« Sic debentur ei III.C.VIII l. XII s. VII d. p.

« Item debentur ei pro fine alterius compoti sui de dictis operibus « Lupare hic supra siti, finiti ultima die februarii 1368, C XVIII s. « XI d. p.

« Summa quæ sibi debetur III.C.XIIII l. XI s. VI d. p.

« Uxor et haeredes dicti Petri habuerunt cedulam curiæ testimo- « nialem de dictis III.C.XIIII l. et diem auditionis hujus compoti qua « tradita fuit dicto Johanni Ployant, procuratore ut supra de prae- « cepto et ordine Dominorum cameræ. Habuerunt dictam summam « per compotum Hugonis le Frepier, de subsidio decanatus Pontis « sanctæ Maxentiæ. Facta 3 aug. 1368. Et quittus Rex. »

APPENDICE.

Page 24, au 3e compte avant l'article *Autre Dépense*, il faut ajouter les articles suivants qui avaient été omis :

AUTRES DESPENCE POUR VOIRIERES.

Bertaut le Voirier pour avoir mis un percan de voirre, contenant VI pieds en l'estude du Roy au dit Louvre, au prix de IIII s. p. chacun pied, XXIIII s. p.

AUTRE DESPENCE POUR PLOMMERIE.

Maistre Regnaut de Bailleul plommier du Roy, pour avoir reffaict et ressoudé la couverture du plomb de dessus les degrez d'emprès la terrasse du Louvre; pour soudure, suif et charbon et peine, XXXII s.

AUTRE DESPENCE POUR PEINTURES.

Maistre Jean Coste peintre, et sergent d'armes du Roy, pour avoir peint de fleurs de lis les trois bannieres qui sont sur les trois tours, etc.

Thomas du Buisson peintre, pour avoir faict plusieurs croix de peinture vermeille outre la grand viz neuve du Louvre, l'uisserie des Jardins et autres lieux en la cour d'iceluy, pour la defence de ceux qui y faisoient leur retrait pour pisser; par marché faict, XXVI s. p.

AUTRE DESPENCE POUR XVI POUTRES ET IIc SOLIVES.

Le 13 juin 1365 fut ordonné Baudinet le cambier, marchand de Merrien, par honorable homme et sage Philippe Ogier, general maistre des dictes oeuvres, et par maistre Jacques de Chartres de faire venir par eau de la forest de Cuise XVI granz poutres et 200 solives pour les edifices de la Reyne au dict Louvre; le quel Baudinet s'en chargea; et pour ce a receu par les mains du d. Pierre Culdoe IIcL francs d'or, si comme il appert par quittance et par le compte faict par le dict Baudinet de la despence de ce ; et le quel compte a esté veu par Messeigneurs des comptes dont la teneur s'ensuit : le compte de feu Baudinet le Cambier, marchand de bois, comme ou temps qu'il vivoit a faict venir et amener des bois de la forest de Cuyse IIc granz poutres, et IIc solives esquarrées et ou tout prestes, au port de Saine, devers le chastel de Louvre, etc.

RECEPTE.

Des deniers du dict seigneur par les mains du dict maistre Pierre.

Somme : IIcL francs XVI s. pièce, valent IIcL f. p.

Mise : Pour faire abbatre XVI chesnes, etc., pour chacun abbatre et coper VIII s. p., VI l. VIII s. p.

Pour esquarrir les d. poutres, VI l. VIII s. p.

Pour abbatre, coper et esquarrir les d. IIc solives, chacun cent X f. p., XX f. p., etc.

Pour les despens du d. Baudinet et de son cheval : par 24 jours allant, venant et sejournant illec pour l'avancement de la besogne, pour chacun jour XVI s. p., XIX f. IIII s. p.

Somme de toute la despence IIcXXIX f. IIII s. p., valent IIcIIIIxxVI francs et demy.

Ainsi est deu au d. Baudinet XXXVI francs et demy, XXX f. IIII s. p.

AUTRE DESPENCE POUR GAGES DES GENS DU DICT OFFICE.

A Jean le Bault sergent des dictes oeuvres : de par les gens de comptes du Roy nostre dict seigneur, à Paris. Pierre Culdoe, payeur des oeuvres royaux, accomplissez (le contenu en blanc) en la maniere que nostre dict seigneur le mande.

Jean le Baut, pour ses gages de XII d. p. par jour, depuis le 1er may 1364 jusqu'au 27 oct. qui sont IXxx jours, IX f. p.

Pierre Culdoe, clerc et payeur des dictes oeuvres pour ses gages de III s. p. par jour, du 22 decembre 1364 jusqu'au 27 oct., qui sont IXxx jours.

Nota. On a pu remarquer certaines différences dans la manière d'exprimer les chiffres nombreux qui se trouvent dans les comptes de dépenses précédents; ces différences proviennent de la copie faite par M. Menant, copie que nous nous sommes astreint à reproduire avec la plus grande exactitude.

DE L'IMPRIMERIE DE CRAPELET, RUE DE VAUGIRARD, 9.

www.ingramcontent.com/pod-product-compliance
Lightning Source LLC
LaVergne TN
LVHW052011160826
845678LV00003B/1002

* 9 7 8 2 3 2 9 6 5 5 9 6 3 *